DAS SURREALISTISCHE KRIEGSBILD
BEI MAX VON MOOS

Schriftenreihe der Max von Moos-Stiftung

BAND I

1974 verfügte der Schweizer Künstler Max von Moos (1903–1979), dass nach seinem Tod eine Stiftung zur Pflege seines künstlerischen Werkes zu gründen sei. Aus Anlass des 100. Geburtstags des Stifters am 6. Dezember 2003 wurde Beat Wismer, Direktor des Aargauer Kunsthauses Aarau, für seine außerordentlichen Verdienste um die Vermittlung von Schweizer Kunst mit dem erstmals verliehenen Max von Moos-Preis ausgezeichnet. Mit der vorliegenden Publikation des in Aarau gehaltenen Festvortrags von Otto Karl Werckmeister erscheint der erste Band der Schriftenreihe der Max von Moos-Stiftung.

Otto Karl Werckmeister

Das surrealistische Kriegsbild bei Max von Moos

Edition Voldemeer Zürich
Springer Wien New York

Otto Karl Werckmeister, Berlin

Copyright © 2005 by Otto Karl Werckmeister, Berlin,
Max von Moos-Stiftung, Luzern, and Voldemeer AG, Zürich.

 Edition Voldemeer Zürich
Postfach
CH-8039 Zürich

Für die abgebildeten Werke von Max von Moos:
Copyright © 2005 by Peter Thali, Luzern;
für alle übrigen abgebildeten Werke:
Copyright © 2005 by Pro Litteris, Zürich.

Satz: Marco Morgenthaler, Zürich
Gestaltung: Edition Voldemeer Zürich
Druck: Stämpfli AG, Bern

Printed in Switzerland

SPIN 11427902

Mit 8 Tafeln und 24 Abbildungen

ISBN-10 3-211-25962-7 SpringerWienNewYork
ISBN-13 978-3-211-25962-7 SpringerWienNewYork

 Springer Wien New York
Sachsenplatz 4–6
A-1201 Wien
www.springer.at
www.springeronline.com

INHALT

ABB. 1: Max von Moos,
Alcázar, 1937.

ABB. 2: Max von Moos,
Toledo, 1937.

KRIEGSTHEMATIK

Alcázar und Toledo

Im April 1937 zeigte Max von Moos auf seiner ersten Einzel-
ausstellung im Luzerner Kunstmuseum die beiden Gemälde
Alcázar (ABB. 1) und *Toledo* (ABB. 2). Deren Titel verweisen
auf die monatelange, fehlgeschlagene Belagerung der nationalistischen Kadetten im Alcázar von Toledo durch republi-
kanische Milizen im Jahr zuvor. Mit dem Bezug auf eine be-
kannte Entscheidungsschlacht im Spanischen Bürgerkrieg,
allein durch die topografische Benennung, machte von Moos
zum ersten Mal in seinem Werk eine zeitgeschichtliche Aus-
sage. Die beiden Bilder markieren erste Höhepunkte einer
bestimmten Konzeption zeitgeschichtlicher Malerei, die er
in den zwölf Jahren von 1933 bis 1945, von der zweiten
Hälfte der Wirtschaftskrise bis zum Ende des Zweiten Weltkriegs, entwickelte.

Alcázar und *Toledo* würden sich ohne ihre Titel nicht als
Darstellungen zeitgeschichtlicher Thematik entschlüsseln

9

lassen. Sie zeigen symmetrische Gruppierungen jeweils dreier stehender Skulpturen. In *Alcázar* bricht eine Figurenmauer in zwei Hälften auseinander und gibt den Blick auf den schwarzen Hintergrund frei. Aus der Lücke tritt eine skulpierte Bruchstückfigur mit übergroßen Armen gestikulierend hervor. Da ihr die Füße fehlen, sieht es aus, als sei sie im Boden verankert und gehöre selber zu dem berstenden Fries, den sie durchbricht. In *Toledo* bilden drei nahezu vollrunde Figuren einen Fries. Zwischen Statue und Relief, zwischen Körperhaftigkeit und Zeichenhaftigkeit sind die Figuren beider Bilder verschieden weit artikuliert, gemeißelt oder gegossen. Ihre Körperteile sind an den Gelenken voneinander abgetrennt. Es scheint, als seien sie erst fragmentiert und dann wieder zu kompakten Kompositionen zusammengefügt.

Genau in der Mitte beider Bilder zieht ein rot-orangenes, fleischfarbenes Segment den Blick auf sich. Es hebt sich von den verschiedenen grauen, graubraunen und graugrünen Farbtönen der umgebenden Steinfragmente ab. In der weiblichen Figur von *Toledo* ist es lediglich eine glatte, vorgewölbte Oberfläche innerhalb des eingepassten Steinfragments, das an der Stelle des Bauchs zu stehen kommt und sich wie in einer langen Schnittwunde zu spalten scheint. In der wohl männlichen Figur von *Alcázar* ist es eine bewegte Masse weicher Eingeweide, deren Druck den steinernen Körper in zwei schalenartige Hälften mit glatten Kanten auseinander treibt. Der Ausdrucksgehalt beider Kompositionen geht aus dieser Entgegensetzung von Stein und Fleisch hervor. In *Toledo* ist er als Verletzung der steinernen Frauenfigur kaum mehr als farbig angedeutet. In *Alcázar* dagegen ist er dramatisiert. Hier scheint die Figur in dem Moment, da sie aus der berstenden Mauer hervortritt, selbst zu bersten.

Der symbolische Ausdruck

Das Motiv der fleischfarbenen Mittelstücke im aufgespaltenen Stein illustriert Hans Arps Satz »Die Steine sind voller Eingeweide. Bravo! Bravo!«, den Max Ernst 1934 als

Motto des Kapitels über die Osterinsel in seinem Collage-
roman *Une semaine de bonté* abgedruckt hat.[1] Die erste
Holzstichcollage dieses Kapitels[2] zeigt einen aufgeschnitte-
nen Thorax mit durchgehackten Rippen, in den zwei Menschen zwischen den Lungen und Eingeweiden eindringen.
Von der unteren Figur, wohl einer Frau, sind nur noch die
nackten Beine sichtbar. Der kriechende Mann darüber hat
sich für seine Expedition in die Leibeshöhle mit einer Keule
bewehrt. Oben droht ein Totenkopf. In *Alcázar* hat von Moos
aus Ernsts surrealistischem Rätselbild auf Grund des Arp-
Zitats ein eindeutiges Ausdrucksmotiv gemacht, das die Zerstörung der flankierenden Bauten und die Verletzung des
steinernen Menschen zueinander in Beziehung setzt.

Beide Bilder lassen nicht nur, wie Roman Kurzmeyer be-
merkt,[3] keine politische Stellungnahme zum Thema der
Belagerung des Alcázars von Toledo erkennen, bei der die
nationalistischen Truppen durchhielten. Die Thematik als
solche wäre ohne die Bildtitel nicht auszumachen. Der
Pferdeschädel der rechten Frau in *Toledo* und die Mauer-
bresche in *Alcázar* fügen eine minimale symbolische Refe-
renz hinzu. So lassen die scheinbar abgehobenen Kompositionen zwei stereotype Ausdrucksmotive republikanischer
Parteinahme moderner Künstler im Spanischen Bürgerkrieg erkennen, die im selben Jahr Picasso in seinem Wandbild *Guernica* (ABB. 3)[4] miteinander verband: Frauenfiguren,
die das Leiden der Zivilbevölkerung verkörpern, und todes-
mutige Kämpfer, zur Selbstaufopferung bereit.

Picassos *Guernica* ist das herausragende Beispiel für den
Habitus moderner Künstler im Jahrzehnt der Wirtschafts-

---

1   Max Ernst, *Une semaine de bonté: A Surrealistic Novel in Collage*
(1934), New York 1976, S. 165: »Les pierres sont remplies d'entrailles.
Bravo! Bravo!«
2   Ebd., S. 167.
3   Roman Kurzmeyer, *Max von Moos (1903–1979): Atlas, Anatomie,
Angst / Atlas, Anatomy, Angst – Joseph von Moos, Max von Moos, Elie
Nadelman, Max Raphael*, Zürich / Wien / New York 2001, S. 76.
4   Otto Karl Werckmeister, »›Guernica‹: Picasso und die Weltausstellung 1937«, in: *Funkkolleg Moderne Kunst*, Tübingen 1990 (= Studien-
begleitbrief 9), S. 89–125, 138–139.

ABB. 3: Pablo Picasso, *Guernica,* 1937.

krise, in ihren Manifestationen politischer Parteinahme an ihrem persönlichen Formen- und Figurenrepertoire festzuhalten. Gerade beim Engagement lag ihnen daran, die Autonomie der modernen Kunstauffassung im Gegensatz zur politischen Indienstnahme konventioneller Künstler zu behaupten. So reduzierten sie thematische, expressive und symbolische Referenzen so weit, wie sie nur konnten. Im Idealfall ließen sie die bloße Präsenz ihrer Werke im politischen Umfeld für sich sprechen. Die ideologische Undurchsichtigkeit, die hieraus folgte, provozierte schon damals Kritiken und Konflikte. Wenn von Moos in *Toledo* und *Alcázar* die ihm eigene Bildkonzeption durch das Motiv der Eingeweide im Stein thematisch aktualisierte, nahm er diesen Habitus an.

Das steinerne Bild

Die Konzeption eines Bildes aus Stein, oder des Bildinhalts als Steinrelief, die *Toledo* und *Alcázar* zu Grunde liegt, ist das Endergebnis eines ebenso abrupten wie konsequenten Stilwandels, den von Moos im Jahre 1933 vollzog. In den drei Jahren zuvor hatte er flächenhaften, fantastischen Bildern mit kindlichen Märchenfiguren oder Masken nachgehangen. Ab 1933 fasste er ein Gemälde grundsätzlich als

ABB. 4: Max von Moos,
Verflüchtigung, 1934.

ABB. 5: Max von Moos,
Das Lied von der Erde, 1934.

tiefenräumliche Darstellung solider, überwiegend steinerner
Objektformen auf, die einerseits fragmentiert sind, anderer-
seits sich zu kompakten Gruppierungen zusammenfügen.
Oft wirken die Gemälde wie Darstellungen zusammenhän-
gender Reliefs voller Brüche und Sprünge. Thematisch leitet
sich die neue Bildform aus der Fragmentierung antikischer
Skulpturen her. Mit ihren Assoziationen kulturgeschicht-
lichen Ruins fügt sie sich in die kulturkritische Konfrontation von Antike und Moderne der Jahre 1933–34 ein, die die
Aufwertung antiker Form in der europäischen Staatskunst
während der zweiten Phase der Wirtschaftskrise bei modernen Künstlern provozierte.[5]

In den folgenden drei Jahren trieb von Moos die Durchbil-
dung seiner neuen Konzeption des steinernen Bildes zügig
voran. Von der ruinösen Gruppierung antiker Masken und
Bauteile [ABB. 4] schritt er zur literarisch-szenischen Raum-
komposition bewegter Steinfiguren fort. Im *Lied von der Erde*
von 1934 [ABB. 5] türmt sich eine kompakte Gruppe aus drei
angeschlagenen Skulpturen scheinbar lebendig vor blauem
Wolkenhimmel auf. Im selben Jahr schloss sich von Moos
der ästhetischen Aufwertung versteinerter Naturgebilde an,
wie sie Le Corbusier und Fernand Léger seit 1930 verfolg-

5   Otto Karl Werckmeister, »Staatsplastik der dreißiger Jahre in Eu-
ropa«, in: *Kunsthistorische Arbeitsblätter* 9 (2004), S. 45–54, cf. S. 53 f.

ABB. 6: Fernand Léger,
Composition aux trois figures,
1932.

ABB. 7: Max von Moos,
Hadestrio, 1935.

ten,[6] wobei sie im Gegenzug abstrakte Formen in tangible
Objekte verwandelten [ABB. 6]. So wirken abstrakte Kompositionen wie Darstellungen schwerer Dinge im Tiefen-
raum. Im folgenden Jahr führte von Moos dann organische
Wucherungen der Steinform, die wiederum versteinern, in
seine Bilder ein. Die drei komischen Steinmasken im *Hadestrio* von 1935 [ABB. 7] sind mit vernarbten Geschwulsten be-
deckt. Einer von ihnen wuchern die Lippen zum Drachen-
kopf mit gefletschtem Gebiss. Da eine tragische Maske fehlt,
wird das antike Todesthema in grotesker Form präsentiert.
In der *Hadesfahrt* von 1935 [ABB. 8] liegen zum ersten Male
die Eingeweide einer Steinfigur offen.

    1936 schließlich hatte sich von Moos mit *Versteinerte Tän-
zerinnen* [ABB. 9] eine verbindliche Bildform erarbeitet, die
er dann 1937 in *Toledo* und *Alcázar* zum ersten Mal einer
zeitgeschichtlichen Thematik widmete. Er sollte sie bis 1945
für sporadische Stellungnahmen zu kritischen Momenten
der Zeitgeschichte benutzen. Wir sehen einen zugleich kompakten und zersprungenen, steinernen oder keramischen
Figurenfries, eine Reliefwand als Bild im Bild. Doch sind die
Tänzerinnen nicht an der Oberfläche des Reliefs aufgereiht,
sondern perspektivisch in einem imaginären Raum gestaf-
felt, der sich im Relief eröffnet. Sie bewegen sich nach allen

6   Matthew Affron, »Léger's Modernism: Subjects and Objects«, in:
Carolyn Lanchner (Hg.), *Fernand Léger,* Katalog, New York: Museum of
Modern Art, 1998, S. 121–148, cf. S. 133.

ABB. 8: Max von Moos,
Hadesfahrt, um 1935.

ABB. 9: Max von Moos,
Versteinerte Tänzerinnen,
um 1936.

Seiten, als suchten sie aus dem Steinverbund auszubrechen. So wirkt das Bild wie das tragische Monument einer Versteinerung beim vergeblichen Versuch der Selbstbefreiung. Das visuell reflektierte Wechselverhältnis der Medien Skulptur und Malerei, das ihm zu Grunde liegt, ist noch immer aus der Fragmentierung einer antiken Kunstform abgeleitet.

Konsequenz

Im Jahre 1937, als von Moos seine langfristig erarbeitete Dynamisierung von Verfall oder Zerstörung antiker Form in *Toledo* und *Alcázar* zeitgeschichtlich aktualisierte, hatte die europäische Staatskunst antikischer Observanz in den monumentalen Pavillons Frankreichs, Italiens, Deutschlands und der Sowjetunion auf der Pariser Weltausstellung ihren Höhepunkt erreicht.[7] Im selben Jahr fand die Ausstellung ›Entartete Kunst‹ in München statt. Es war das Entscheidungsjahr für die politische Konfrontation der europäischen Kunst im Jahrzehnt der Wirtschaftskrise. Jetzt schwangen sich sonst unpolitische moderne Künstler zu ideologisch be-

7   Werckmeister 2004 (wie Anm. 5).

ABB. 10: Marc Chagall,
Revolution, Vorstudie, 1937.

ABB. 11: Max Ernst,
L'ange du foyer, 1937.

setzten Werken auf. Picasso schuf *Guernica* [ABB. 3], Marc
Chagall *Revolution* [ABB. 10], Max Ernst den *Hausengel*
[ABB. 11], Max Beckmann *Versuchung* [ABB. 12] und Paul
Klee *Revolution des Viadukts* [ABB. 13]. Mit *Alcázar* und
Toledo schloss sich von Moos ihnen an. Ebenso wie sie re-
duzierte er den zeitgeschichtlichen Bezug seiner Bildsym-
bolik auf ein Minimum und ließ das politische Urteil in der
Schwebe.

Die Selbstgewissheit des Stilkonzepts, an dessen Ausbil-
dung von Moos vier Jahre lang gearbeitet hatte, ermög-
lichte ihm diese Intransigenz opaker Stellungnahme. Sie
entsprach dem provokativ autonomen Habitus der surrealistischen Kunst, wie ihn André Breton 1938 in seinem Manifest *Für eine unabhängige revolutionäre Kunst* postulieren
sollte: »Keine Autorität, kein Zwang, nicht die geringste Spur
von Befehl!«[8] Mit demselben Stilkonzept brachte von Moos

8 André Breton, mit Lev Trotzki und Diego Rivera, *Pour un art révolu-*

ABB. 12: Max Beckmann,
Versuchung, 1937.

ABB. 13: Paul Klee,
Revolution des Viadukts, 1937.

bis zum Ende des Zweiten Weltkriegs seine kritische Beurteilung der Zeitgeschichte in einer Reihe von Bildern zum Ausdruck, deren aktuelle Titel sie innerhalb des Gesamtwerks
markieren. Wann immer ein entscheidendes Ereignis im
Zweiten Weltkrieg eintrat, malte von Moos derartige Bilder.
1940 war es der deutsche Angriff auf Frankreich, 1941 der
deutsche Angriff auf die Sowjetunion, 1944 die Schlacht von
Stalingrad und 1945 schließlich das Ende des Zweiten Welt-

tionnaire indépendant, wiederabgedruckt in: André Breton, *Tracts sur-*
réalistes et déclarations collectives (1922–1969), hg. von José Pierre, I,
Paris 1980, S. 335 ff., cf. S. 337: »Aucune autorité, aucune contrainte, pas
la moindre trace de commandement!«

ABB. 14: Max von Moos,
*Am Tag des Einmarsches der
Deutschen in Paris,* 1940.

ABB. 15: Max von Moos,
Der letzte Krieger, 1941.

kriegs. Dabei ließ der Künstler die hermetische Statuarik von *Alcázar* und *Toledo* hinter sich und steigerte von Jahr zu Jahr die Expressivität seines Stilkonzepts.

Den *Tag des Einmarsches der Deutschen in Paris,* 1940 [ABB. 14], gestaltete von Moos als Variation seines Bildes *Hades und Persephone* aus demselben Jahr. Eine Frau, aus deren Armstümpfen Pflanzen wachsen, wird von einer anderen entführt. Beide befinden sich noch auf der blühenden Erde. Die Entführerin zeigt mit übergroßer Hand vor sich auf den Boden. Der Weg geht in die Unterwelt. Die Ambivalenz des Mythos, in dem Persephone dorther zurückkehrt, deutet eine Wendung an. Im *Letzten Krieger* von 1941 [ABB. 15] hat von Moos Otto Dix' Radierungen schwerster Gesichtsverletzungen deutscher Soldaten im Ersten Weltkrieg [ABB. 16][9], vielleicht sogar deren fotografische Vorlage,[10] seinem Stilkonzept des steinernen Bildes anverwandelt. Er fügt die Verletzungen seiner Vorstellung versteinerter Gewebewuche-

9   Dietrich Schubert, *Otto Dix, Der Krieg,* Marburg 2002, S. 25.
10   Ernst Friedrich, *Krieg dem Kriege – Guerre à la guerre,* Berlin 1924, wiederabgedruckt in: Dieter Ruckhaberle et al. (Hgg.), *Weimarer Republik,* Berlin 1976, S. 18–97, cf. S. 77–89.

18

ABB. 16: Otto Dix,
Transplantation,
aus *Der Krieg,* 1924.

ABB. 17: Max von Moos,
Unheil, um 1945.

rungen ein. Vom dunkelblauen Relief des Doppelhelms heben
sich die rotfarbenen Fleischstücke des operierten Gesichtes
ab. Sie sind zu fragmentierten Platten versteinert. Ein pflas-
terartiges weißes Band klebt sie an der Augenhöhle fest.
Das verletzte Gesicht aus Stein ist zum Kriegerdenkmal ge-
worden. In *Unheil* von 1945 [ABB. 17] schließlich greift von
Moos noch einmal Arps Motiv »Die Steine sind voller Eingeweide« auf. Aus formlosen Felsen wächst eine Frau und er-
füllt das Bild. Die versteinerten Muskelgewebe ihres Leibes
sind noch nicht zusammengewachsen. Herz, Eier, Muscheln
und Eingeweide quellen daraus hervor. Mit schwerer Hand
drückt die Frau den Torso einer anderen, die sich gebückt
von der Seite her nähert, noch tiefer nieder. *Moloch* ist das
männliche Pendant zu dieser Verderben bringenden Gott-
heit. Götzendienst hat zur Katastrophe geführt.

DIE SURREALISTISCHE POSTUR

Versteinerung und Objektfigur

Von Moos nannte sich selbst einen surrealistischen Künstler, ohne dass er mit den Pariser Surrealisten in Verbindung gestanden oder sich auch nur auf deren Manifeste und Theorien gestützt hätte. Denn seine Konzeption einer skulpturalen Malerei, die er aus der Fragmentierung antikischer Skulptur entwickelte, ist von der Skulptur des Surrealismus inspiriert. Seit Anfang der dreißiger Jahre hatten Picasso, Alberto Giacometti, Henry Moore und andere diese neuartige Konzeption figuraler Skulptur erarbeitet. Sie beruht auf keiner Abstraktion der Körperform, sei sie auch noch so extrem, sondern auf einer assoziativen Kennzeichnung anorganischer, oft fragmentierter Objekte als Figuren. In *Totenklage* von ca. 1936 [ABB. 18] ist von Moos dieser Konzeption am deutlichsten gefolgt. Ein liegender toter Mann und eine aufrechte klagende Frau sind aus kantig geschnittenen oder rund geschliffenen, farbigen Steinblöcken

20

gebildet. Minimale Anfügungen symbolischer Körperteile – Kugeln als Brüste, Ziegel als Hände – machen die Objekte zu Figuren. Die symbolisch eindeutige Komposition eines christlichen Rituals entbehrt allerdings der surrealistischen Rätselhaftigkeit.

Die surrealistische Objektfigur beruht auf dem Prinzip figürlicher Assoziationen, die vorgefundene Objekte zufällig hervorrufen oder die sich bei der selbstbezüglichen Entwicklung abstrakter Formen zufällig einstellen. Sie gehört zur ausführlich begründeten Theorie des ›surrealistischen Objekts‹.[11] Ihre Fragmentierung wird durch die lose Zusammenfügung der Bestandteile und die Unvollständigkeit der assoziierbaren Körperteile noch gesteigert. Provokatorisch betonte Fehlstellen und Lücken machen jede Vorstellung eines organischen Zusammenhangs zunichte. Breton hat in einem großen Aufsatz über die Skulpturen in Picassos Atelier im ersten Heft der Zeitschrift *Minotaure* von 1933[12] die Dialektik von Zerstörung und Kreativität, von Zufall und Ingenium ausgeführt, zu der das Prinzip der Objektfigur systematisiert werden konnte. Brassaïs Fotografien, die den Aufsatz illustrieren, sollen zeigen, wie jedes Objekt, das Picasso in die Hand nimmt, ihm zur Figur wird.

Die Entwicklung der surrealistischen Objektfigur fällt zeitlich mit der Aufwertung antikischer figürlicher Skulptur zusammen, die seit Beginn der dreißiger Jahre in der staatlich geförderten Kunst Europas im Gange war. Durch ihre Anlehnung an afrikanische oder polynesische Objektskulptur markiert sie eine ›primitive‹ Gegenposition dazu.[13] Damit fügt sie sich in die ideologische Konfrontation zwischen traditioneller und moderner Kunst im Jahrzehnt der Wirtschafts-

11   Christopher Green, *Art in France 1900–1945*, New Haven 2000, S. 132 ff.

12   André Breton, »Picasso dans son élément«, in: *Minotaure* 1 (1933), S. 9–22.

13   Green 2000 (wie Anm. 11), S. 254 ff. – Rosalind Krauss, »Giacometti«, in: William Rubin (Hg.), *Primitivism in 20th-Century Art*, II, New York 1985, S. 503–533, cf. S. 520, bringt das Arp-Zitat »Les pierres sont remplies d'entrailles. Bravo. Bravo.« in Zusammenhang mit dieser Konzeption.

21

ABB. 19: Pablo Picasso, *La porteuse d'offrande,*
Bronzeguss-Version, 1936.

krise ein. Picassos Skulpturen für den Spanischen Pavillon
auf der Pariser Weltausstellung von 1937 [ABB. 19] gaben
dieser Gegenposition eine politische Bestimmung. Von Moos
hat sich allerdings der surrealistischen Objektfigur nur an-
satzweise angenähert. Wie objekthaft seine Steinfiguratio-
nen auch wirken, sie lassen doch fast stets ihre Herkunft aus
dem Ruin von Bau und Bild oder aus der organischen Wu-
cherung des Steins erkennen. Eine radikale Alternative zur
Antike stellen sie umso weniger dar, als ihre Kompositions-
form am Relieffries oder an der Statuengruppe orientiert
bleibt. Im Gegensatz zum affektierten Idolprimitivismus Picassos, Giacomettis und Moores speist sich ihre Bedeutung
aus der antiken Mythologie.

Parteinahme durch die Form

Die surrealistische Skulptur wurde von einer Gruppe von
Künstlern und Kritikern als Provokation der traditionellen
Skulptur lanciert, die mit ihrer Fundamentalopposition zu
den herrschenden politischen und gesellschaftlichen Ver-

ABB. 20: Pablo Picasso, Entwurf für den Bühnenvorhang
für Romain Rollands *Quatorze Juillet,* 1936.

hältnissen zusammenhing.[14] Ihre führenden Vertreter engagierten sich politisch auf der Linken, ohne ihr Engagement
in ihren Werken zu thematisieren, getreu Bretons Bestimmung einer ›revolutionären‹ und dennoch autonomen Kunst.
Giacometti[15] war seit Anfang 1932 Gründungsmitglied der
kommunistisch geleiteten ›Association des Ecrivains et Ar-
tistes Revolutionnaires‹, beteiligte sich an ihren Ausstellun-
gen und Verlautbarungen und schuf noch 1938 im Auftrag
der kommunistischen Partei ein Grabmal für die Foto-
grafin Gerda Taro, die im Spanischen Bürgerkrieg verun-
glückt war. Moore[16] war seit 1934 führendes Mitglied der
linksgerichteten ›Artists' International Association‹, wirkte
1937 an der Organisation des ›British Artists' Congress‹
gegen Krieg und Faschismus mit, beteiligte sich während

14   Green 2000 (wie Anm. 11), S. 281 ff.
15   Reinhold Hohl, *Giacometti: Eine Bildbiographie,* Stuttgart 1998,
S. 60, 68 f., 82 ff., 91.
16   Lynda Morris / Robert Radford, *The Story of the AIA,* Oxford 1983;
Roger Berthoud, *The Life of Henry Moore,* New York 1987.

ABB. 21: Pablo Picasso, Zeichnung zum Bühnenvorhang
für Romain Rollands *Quatorze Juillet, 1936.*

des Spanischen Bürgerkriegs in England an Hilfsaktionen
für die Republik und blieb bis 1939 politisch aktiv.

Picasso dagegen hielt sich bis 1936 von politischen Initiativen fern. Erst als ihn 1936 und 1937 die Volksfrontregierungen Frankreichs und Spaniens als führenden modernen
Künstler für monumentale Auftragswerke gewinnen konnten, etablierte er sich als Führungsfigur einer links engagierten Kunst. In seinem Bühnenvorhang für die Aufführung
von Romain Rollands Theaterstück *Der Vierte Juli* bei der
Inaugurationsfeier der Regierung Blum von 1936 [ABB. 20]
und in seinem Wandbild über die deutsche Bombardierung
der baskischen Stadt Guernica für den Spanischen Pavillon
auf der Pariser Weltausstellung von 1937 [ABB. 3] wandelte
Picasso sein von langer Hand her erarbeitetes Formen- und
Figurenrepertoire ab. Diese kompromisslose Vorführung
der eigenen Kunst im Sinne Bretons wirkte umso überlegter, als Picasso in beiden Fällen frühere, politisch explizitere
Entwurfsvarianten [ABB. 21, ABB. 22] verworfen hatte. Doch
während Giacomettis und Moores hermetische Figurationen nichts von ihren politischen Überzeugungen erkennen
ließen, verstand es Picasso, sein Repertoire gerade so weit
auf die Thematik beider Aufträge abzustimmen, dass der
Vorhang als Aufruf der Kunst zum antifaschistischen Kampf

ABB. 24: Horacio Ferrer, *Madrid 1937*, 1937.

Guernica vorgeworfen, das sich im Spanischen Pavillon auf der Pariser Weltausstellung gegen Horacio Ferrers realistisches Gemälde *Madrid 1937* [ABB. 24] behaupten musste. Dieses herausragende Beispiel einer gemeinverständlichen Volksfrontkunst mit erhebendem ideologischen Ausdrucksgehalt war den Berichten der Ausstellungsleitung zufolge das populärste Bild des Pavillons.[18] Nur Picassos Prestige als weltberühmter moderner Künstler wog den Publikumserfolg des unbekannten spanischen Malers auf.

Die tragische Mythisierung des Spanischen Bürgerkriegs bei den surrealistischen Künstlern war Ausdruck ihrer politischen Desillusionierung, noch bevor der Krieg verloren ging, sowohl wegen der Neutralität der französischen Volksfrontregierung als auch wegen der repressiven Politik der sowjetischen Schutzmacht in der spanischen Republik. Die bekannteste Manifestation dieser tragischen Postur war die Aufführung von Cervantes' Tragödie *Numancia* im Pariser

18   Josefina Alix Trueba, *Pabellón español: Exposición Internacional de París 1937*, Madrid 1987, S. 55.

Théâtre Antoine vom 22. April bis zum 6. Mai 1937.[19] Ihr Thema war der heroische, aber vergebliche Widerstand einer keltiberischen Stadtgemeinde gegen römische Truppen, der mit kollektivem Selbstmord endete. Masson entwarf das Bühnenbild und die Kostüme. Unter Führung von Georges Bataille und Michel Leiris steigerte sich die fatalistische Beurteilung des Spanischen Bürgerkrieges bei den Surrealisten zur existenziellen Introversion und zum mythologisch überhöhten Seelendrama.[20] Masson ging von der militanten Attacke auf Kirche, Großgrundbesitz und Militär zur Sexual- und Todesmystik des Stierkampfs über.[21]

Von Moos erwies sich in seinen beiden Bildern zum Spanischen Bürgerkrieg auch darin als ›Surrealist‹, dass er ähnlich fatalistischen Transpositionen nachhing. Die fragmentierte antike Statuarik, die er seit 1933 ausgebildet hatte, lieferte ihm dafür den mythischen Verständnisrahmen. Das Stierkampfthema klingt allein im Motiv des Pferdeschädels an. Dass sich in *Alcázar* die Männerfigur mit dem aufgebrochenen Leib keiner Seite des Konflikts zuordnen lässt, sondern als Emblem einer tragischen Selbstzerstörung wirkt, in der die Kriegsgegner dasselbe Schicksal teilen, läuft auf eine mythische Verallgemeinerung hinaus, die sich der Parteinahme zu entziehen scheint. Hier nahm von Moos an Spekulationen über einen tragischen ›Mythos‹ teil, mit denen innerhalb der surrealistischen Bewegung seit 1937 Autoren wie Breton ihre politische Orientierungslosigkeit gegenüber dem nunmehr unaufhaltsamen Aufstieg des ›Faschismus‹ zu verinnerlichen suchten.

19 George Sebbag, »Numancia y la guerra de España«, in: *El surrealismo* (wie Anm. 17), S. 75–82.
20 George Sebbag, »Breton, Bataille y la guerra de España«, in: *El surrealismo* (wie Anm. 17), S. 53–74.
21 André Masson, *Espagne 1934–1936,* Katalog, Paris: Galerie Simon, 1936, wiederabgedruckt in: *El surrealismo* (wie Anm. 17), S. 49 f.

TAFEL I: Max von Moos, *Alcázar,* 1937,
Tempera und Öl auf Papier, lackiert, 50,5 × 33 cm, Sammlung Anliker.

TAFEL 2: Max von Moos, *Toledo,* 1937,
Tempera und Öl auf Papier, lackiert, 50,5 × 33 cm, Privatbesitz.

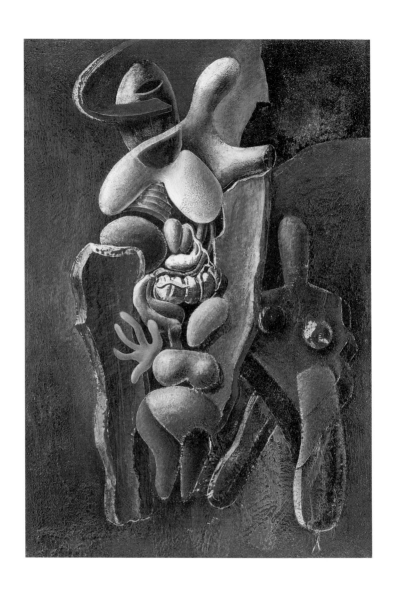

TAFEL 4: Max von Moos, *Hadesfahrt,* um 1935,
Tempera und Öl auf Papier, 34,5 × 24 cm, Privatbesitz, Zürich.

TAFEL 5: Max von Moos, *Versteinerte Tänzerinnen,* um 1936,
Tempera und Öl auf Sperrholz, 70 × 53 cm, Kunstmuseum Luzern.

TAFEL 6: Max von Moos,
Am Tag des Einmarsches der Deutschen in Paris, 1940,
Tempera und Öl auf Karton, lackiert, 29,5 × 21,5 cm, Privatbesitz.

TAFEL 7: Max von Moos, *Der letzte Krieger,* 1941,
Tempera auf Karton, 83 × 58 cm, Sammlung Anliker.

TAFEL 8: Max von Moos, *Totenklage,* um 1936,
Tempera und Öl auf Holzfaserplatte, 59 × 84 cm, Privatbesitz.

Farner

Das ideologische Spannungsfeld, in das sich von Moos mit
seiner künstlerischen Verarbeitung des Spanischen Bürgerkriegs begab, war in seinem Verhältnis zu Konrad Farner
und Max Raphael abgesteckt. Diese beiden marxistischen
Kunstschriftsteller, deren Rat er suchte, waren miteinander befreundet, vertraten allerdings gegensätzliche Auffas-
sungen über die politische Bedeutung der modernen Kunst.
Farner pflegte, wie er Raphael schrieb, seit 1935 von Moos
in regelrechten »Privatstunden« »Aufklärung über Marxis-
mus und Kommunismus« zu erteilen.[22] Er vermittelte von
Moos' Einladung an Raphael, ihn im März und April 1937 in
seinem Luzerner Haus zu besuchen,[23] wo sie drei Wochen
lang Gespräche führten. Von Moos hatte also gerade in
dem Jahr, in dem er seiner Kunst einen zeitgeschichtlichen
Bezug mitzuteilen begann, die Gelegenheit, seine linken
Überzeugungen mit zwei bedeutenden Autoren abzustimmen, die ihm den Stand marxistischer Kunstdebatten ver-
mitteln konnten.

Farner hatte 1936 seine Anschauungen in einem weit aus-
greifenden, programmatischen Vortrag auf der Luzerner
Paul-Klee-Ausstellung dargelegt.[24] Darin unterzog er Klee
als Repräsentanten der modernen Kunst jener globalen Interpretation, wie sie seit dem Ersten Weltkrieg bei linken
Intellektuellen des deutschen Sprachraums im Schwange
war. Farners summarische Bestimmung moderner Kunst
als Index einer radikalen, ja revolutionären Antithese zur
›bürgerlichen‹ Kultur, die er weder an bestimmten Künstlern noch an bestimmten politischen Verhältnissen aufwies,
war eine besonders doktrinäre Version davon. Im Jahre
1936 mussten solche Abstraktionen zudem anachronistisch
wirken. Ignorierten sie doch nicht nur die Kehrtwendung

22 Kurzmeyer 2001 (wie Anm. 3), S. 150.
23 Ebd., S. 73.
24 Typoskript, Nachlass Konrad Farner, Zentralbibliothek, Zürich.

der sowjetischen Kulturpolitik von der modernen zur traditionellen Kunst, sondern auch die Kritik der westeuropäi-
schen Volksfrontkultur an der politischen Dysfunktionalität
der modernen Kunst.

In seinem Vortrag über Klee bezog sich Farner ausdrücklich auf den deutschen Kunstschriftsteller Carl Einstein, der
in enger Verbindung mit den Surrealisten stand. In der drit-
ten Auflage seines umfangreichen Buches *Die Kunst des
20. Jahrhunderts* von 1931 – einem Band der ›Propyläen-
Kunstgeschichte‹ – hatte Einstein Bretons Postulat eines
›neuen Mythos‹ vertreten, den es angesichts des Niedergangs bürgerlicher Kultur zu schaffen gelte.[25] Farner be-
hauptete zwar in einem Brief an Raphael vom 6. Juli 1936,
er habe versucht, Klees Kunst »in das Geschehen der heutigen Zeit zu stellen«,[26] doch berührte der Vortrag die Zeitgeschichte mit keinem Wort. Farners Ausführungen über
einen tragischen Mythos der modernen Kunst stützten sich
auf Nietzsche und waren daher wesenhaft unhistorisch. Ein
Jahr später kam seine marxistische Bestimmung der modernen Kunst, die die ›bürgerliche‹ Kultur herausfordert und
auflöst, deren Abstraktion sie eines manifesten Zeitbezugs
enthebt, und die deshalb ein mythisches Verständnisniveau
beansprucht, von Moos' Bemühungen um eine Aktualisie-
rung seiner Kunst entgegen.

Raphael

Als Max Raphael am 24. März in Luzern eintraf, begegnete
er von Moos mit einer nicht weniger doktrinären, jedoch
genau entgegengesetzten marxistischen Auffassung moderner Kunst. Gleich nach der Abfahrt, am 7. Mai 1937, gab er
sie ihm in einem langen Brief noch einmal schriftlich zu ver-

25 Carl Einstein, *Die Kunst des 20. Jahrhunderts,* 3. Auflage, Berlin
1931, passim.
26 Nachlass Konrad Farner (wie Anm. 24): »Über Paul Klee und seine
Kunst hielt ich vor einigen Wochen einen Vortrag vor Bürgern und Ar-
beitern und ich versuchte, diese Kunst in das Geschehen der heutigen
Zeit zu stellen.«

stehen.[27] Der Brief nimmt die Form von Ratschlägen darüber an, wie von Moos seine Kunst von Grund auf ändern
solle. Während seines Besuchs in Luzern dürfte Raphael
die Von-Moos-Ausstellung besucht haben, die gerade dort
lief und auf der auch die Gemälde *Toledo* und *Alcázar* hin-
gen. Was er dazu sagte, ist nicht überliefert, kann aber angesichts des Briefs nur auf kategorische Ablehnung hinausgelaufen sein. Nach seinem Besuch änderte jedoch von Moos
nicht nur seine Kunst um keinen Deut, sondern hielt bis zum
Ende des Zweiten Weltkriegs und darüber hinaus an seiner
Bildkonzeption einer mythischen Transposition der Zeitgeschichte fest. So scheiterte der Versuch eines Intellektuellen
mit politischem Selbstverständnis, auf einen Künstler Ein-
fluss zu nehmen. Hierin verhielt sich von Moos gemäß Bretons Forderung nach bedingungsloser Autonomie.

In seinem Brief vom 7. Mai 1937 vertrat Raphael die ortho-
doxe kommunistische Auffassung einer thematisch expliziten
Kunst realistischer Observanz, die sich in die Kulturarbeit
der Partei einfügt oder doch zumindest ihre Direktiven von
der Partei empfängt, und die die Klassenbegrenzung der
modernen Kunst durchbrechen muss, um das »Industriepro-
letariat« anzusprechen. Dementsprechend kategorisch fiel
seine Ablehnung der »Abstrakten und Surrealisten« aus,
die ungeachtet ihrer kommunistischen Überzeugungen ihre
»bürgerliche« Kunstpraxis weiterverfolgen, das heißt aus
politisch funktionalen Zusammenhängen heraushalten und
daher bloße Anarchisten bleiben. Tatsächlich sollte Breton
in seinem Manifest von 1938 ausdrücklich den Begriff des
Anarchismus für eine »freie revolutionäre Kunst« reklamie-
ren.[28] Raphaels Argumentation dagegen nimmt die Funda-
mentalkritik an der modernen Kunst vorweg, die er 1946
im New Yorker Exil in einem langen Aufsatz über Picassos
Guernica üben sollte.[29]

27   Kurzmeyer 2001 (wie Anm. 3), S. 151 f.
28   Breton 1938 (wie Anm. 8), S. 337.
29   Abgedruckt in: Max Raphael, *The Demands of Art,* Princeton 1968,
S. 135–179; vgl. Otto Karl Werckmeister, *Zitadellenkultur,* München
1989, S. 165 f.

Farner und Raphael führten von Moos zwei einander widerstreitende Fundamentalpositionen einer linken Bestimmung moderner Kunst vor Augen, jede mit einer langen Vorgeschichte und mit einer brennenden Aktualität für die politische Konfrontation der Künste im Jahrzehnt der Wirtschaftskrise. Farner repräsentierte die Tradition jener summarischen Interpretation autonomer moderner Kunst als Ausdruck sowohl des kapitalistischen Niedergangs als auch des revolutionären Umsturzes, die Ende des 19. Jahrhunderts durch anarchistische Intellektuelle begründet worden war und die Breton seit Beginn der dreißiger Jahre gegen die kommunistische Kulturpolitik des Tages zu verteidigen hatte. Dagegen repräsentierte Raphael die Tradition jener politischen Kritik moderner Kunst als bürgerlicher Illusion zeitgeschichtlich und politisch unbestimmter revolutionärer Veränderung, auf der die Kulturpolitik kommunistischer Parteien seit den frühen zwanziger Jahren fußte und die 1933 in der sowjetischen Delegitimierung der modernen Kunst zugunsten des ›Sozialistischen Realismus‹ ihren Höhepunkt erreichte.

Von Moos' Positionsbestimmung

Wenn Raphaels Brief vom 7. Mai 1937 an von Moos den Gehalt ihrer Debatten bei seinem Besuch in Luzern zusammenfasst, wären diese auf eine Ablehnung des Gesamtkonzepts einer mythischen Transposition durch das versteinerte Bild hinausgelaufen, das sich von Moos in den vier Jahren seit 1933 erarbeitet hatte. Forderungen einer politisch verantwortlichen Parteiarbeit und einer volksverbundenen proletarischen Kunst müssen in Raphaels Mund nicht nur deshalb hypothetisch geklungen haben, weil dieser selber über keinerlei politische Basis verfügte, sondern auch, weil sich für von Moos in Luzern zu diesem Zeitpunkt keinerlei Möglichkeit einer Parteiarbeit eröffnet hätte. Dies geschah erst acht Jahre später, nach dem Ende des Zweiten Weltkriegs, als von Moos die Partei der Arbeit mitbegründete und darin sogleich kulturpolitische Initiativen entfaltete. Die Zusammenkünfte der beiden linken Intellektuellen mit dem linken Maler im Frühjahr 1937, bei denen sie diesen im Gegensinne zu beeinflussen suchten, hatten wohl etwas von jener ideologischen Hypertrophie, die linke Kultur immer dann befällt, wenn sie von politischer Tätigkeit abgeschnitten ist und das Bewusstsein ihrer Irrelevanz durch Kompromisslosigkeit ihrer Debatten kompensiert.

Unter diesen Voraussetzungen erscheint die unbeirrbare Konsequenz, mit der von Moos in den folgenden Jahren an seiner Bildkonzeption von 1937 festhielt, nicht als bloße Idiosynkrasie, sondern als repräsentative Positionsbestimmung innerhalb der modernen künstlerischen Kultur linker Observanz. Angesichts maximaler ideologischer Verunsicherungen wurde ihm die intellektuelle Selbststabilisierung der künstlerischen Persönlichkeit zum vordringlichen Projekt. Daher ging er in seinen politischen Selbstfestlegungen gerade so weit, wie er innerhalb seines professionellen und gesellschaftlichen Umfeldes gehen konnte, ohne so unglaubwürdig zu werden wie seine beiden eifernden Berater. Jenes Projekt zog allerdings eine Idiosynkrasie der Selbstbezüglichkeit nach sich, wie sie in den zwei oder drei letzten Jahren vor dem Zweiten Weltkrieg auch bei Giacometti, Klee und anderen Künstlern zu beobachten ist. Sie alle sahen sich klaren Auges mit einer zeitgeschichtlichen Zwangslage konfrontiert, in der keine politische Parteinahme mehr möglich schien.

Nicht André Beton, sondern Walter Benjamin, für dessen Briefsammlung *Deutsche Menschen* von Moos 1935 den Buchumschlag gestaltete,[30] hat in seinen Thesen über den Begriff der Geschichte von 1940 die historisch erzwungene Idiosynkrasie der Selbstbezüglichkeit in dieser Zeit auf den Begriff gebracht. In seinem zweiten Pariser Brief von 1936 über die Malerei stellte er sich die Arbeit unterdrückter Künstler im Hitlerstaat folgendermaßen vor: »Sie gehen nachts ans Werk, bei verhängten Fenstern. Für sie ist die Versuchung ›nach der Natur zu malen‹ gering. Auch sind die fahlen

---

30 Kurzmeyer 2001 (wie Anm. 3), S. 34.

Landstriche ihrer Bilder, die von Schemen oder Monstren bevölkert werden, nicht der Natur abgelauscht, sondern dem Klassenstaat.«[31] Wenn es solche Maler in Deutschland gab, waren sie zu diesem Zeitpunkt bereits emigriert. Dagegen trifft Benjamins Charakteristik auf das verinnerlichte Pathos fortschreitender Verdüsterung und mythischer Dämonisierung zeitgeschichtlicher Ereignisse zu, dem moderne Künstler in ganz Westeuropa seit 1937 nachhingen – unter ihnen Max von Moos.

---

31   Walter Benjamin, *Gesammelte Schriften,* III, Frankfurt am Main 1972, S. 507.

43

Otto Karl Werckmeister, 1934 in Berlin geboren, studierte Kunstgeschichte, Philosophie und neuere deutsche Literaturgeschichte an der Freien Universität Berlin. Nach mehrjährigen Forschungsaufträgen am Warburg Institute (University of London) und am Deutschen Archäologischen Institut, Abteilung Madrid, wurde er 1965 als Associate Professor an die University of California, Los Angeles, berufen und dort 1971 zum Professor ernannt. 1984–2001 lehrte er als Mary Jane Crowe Distinguished Professor in Art History an der Northwestern University in Evanston, Illinois. Seit 2001 lebt er in Berlin.

Werckmeisters Forschungen konzentrieren sich auf frühmittelalterliche und romanische Kunst, auf die politische Geschichte der Kunst in den beiden Weltkriegen und der Zwischenkriegszeit sowie auf Theorie und Historiographie der Kunstgeschichte. Zu seinen Büchern zählen *Ende der Ästhetik,* Frankfurt am Main 1971; *Ideologie und Kunst bei Marx und andere Essays,* Frankfurt am Main 1974; *Versuche über Paul Klee,* Frankfurt am Main 1981; *The Making of Paul Klee's Career, 1914–1920,* Chicago 1989; *Zitadellenkultur,* München 1989 (englische Ausgabe: *Citadel Culture,* Chicago 1991); *Linke Ikonen,* München 1997 (englische Ausgabe: *Icons of the Left,* Chicago 1999); *Der Medusa Effekt,* Berlin 2005. Er arbeitet an einem Buch mit dem Titel »The Political Confrontation of the Arts: From the Great Depression to the Second World War, 1929–1939«.

Roman Kurzmeyer

Max von Moos (1903–1979)
Atlas, Anatomie, Angst / Atlas, Anatomy, Angst

Joseph von Moos
Max von Moos
Elie Nadelman
Max Raphael

Deutsch / English
215 Seiten, 114 Abbildungen, gebunden, Fadenheftung, 2001
ISBN 3-211-83682-9 / CHF 68 / EUR 42

Max von Moos (1903–1979) ist ein bedeutender Vertreter der modernen Schweizer Malerei. In seiner Arbeit kultivierte er den Zweifel als bild-generierendes Prinzip. Sein Surrealismus eignet sich nicht zum Träumen. Mit großer technischer Meisterschaft schildert Max von Moos Weltangst und das Versagen der Wahrnehmungs- und Ausdrucksfähigkeit angesichts einer Unheil kündenden Wirklichkeit. Es gibt Kunstwerke, die den Blick wie ein Auge anziehen, festhalten und führen. Der vorliegende Text befasst sich dagegen mit einer Bildwelt, vor deren Tragik wir die Augen verschließen möchten, deren künstlerisch konstruktive Auffassung aber paradoxerweise das Sehen stimuliert und trägt.

Max von Moos (1903–1979) is regarded as a significant exponent of modern Swiss painting. He cultivated scepticism as an image-generating principle in his work. The Surrealism of Max von Moos is not the stuff of dreams. In paintings exhibiting a striking degree of technical mastery, this artist describes Weltangst and the failure of the capacities of perception and expression in the face of a reality that foreshadows catastrophe. There are works of art which attract the gaze, holding and guiding it like an eye. This book is concerned with another world of images, however, one so tragic that we want to turn our eyes away. The paradox is that its constructive manifestation stimulates and supports the desire to see.

Edition Voldemeer Zürich
Springer Wien New York